PIERRE PETIT, Phot.   31, Place Cadet.

LA
MALIBRAN

ANECDOTES

PAR

JULES BERTRAND

AVEC LE PORTRAIT DE L'ILLUSTRE ARTISTE

Photographié par Pierre Petit, sur une peinture authentique.

PRIX : 1 FRANC

PARIS
LIBRAIRIE DU PETIT JOURNAL
BOULEV. MONTMARTRE, 23, ET RUE RICHELIEU, 112

1864

LA MALIBRAN

Une des plus grandes physionomies artistiques de notre époque est bien, sans contredit, celle de la Malibran. Cette artiste commence à passer dans les merveilles légendaires; cependant rien n'est plus vrai, rien n'est plus beau, rien n'est plus palpitant que la vie de cette femme, qui n'eut point d'égale. Ceux qui l'ont entendue ne l'ont pas oubliée; et ceux qui ne l'ont point connue aiment à parler d'elle.

La Malibran était le type sublime du romantisme; c'était l'art dans toute son expansion, dans toute sa splendeur. A côté de cet enthousiasme, que le sentiment du beau donne aux âmes supérieures, il y avait en elle une teinte profondément mélancolique. C'était tout à la fois le foyer de l'ode et la douleur de l'élégie : son regard était tour à tour plein de feu et de larmes. C'est ce qui a fait dire à Alfred de Musset :

Que ne détournais-tu la tête pour sourire,
Comme on en use ici quand on feint d'être ému?
Hélas! on t'aimait tant qu'on n'en aurait rien vu.
Quand tu chantais le *Saule*, au lieu de ce délire,
Que ne t'occupais-tu de bien porter ta lyre?
La Pasta fait ainsi : que ne l'imitais-tu?

*
* *

Nous allons commencer nos anecdotes sur la Malibran par le tableau le plus triste qui fut jamais : celui de sa mort. Que de versions n'ont point été écrites sur cette fin prématurée? Avec ce nom, il a toujours été facile de faire du roman et même du fantastique. Il est temps de donner la parole à la vérité.

C'était à Londres, en juillet 1836; la Malibran passait sa vie auprès de Charles de Bériot, son mari, qui l'adorait, entourée d'amis qui accédaient à ses moindres caprices : son existence n'était qu'une fête. L'aristocratie anglaise briguait la faveur de sa société. Aussi tous les jours c'était partie nouvelle. La Malibran aimait beaucoup et par-dessus tout l'équitation ; un jour, elle eut la malencontreuse fantaisie de vouloir monter un jeune et beau cheval de sang, malgré les prières de son mari et les observations du lord propriétaire, qui redoutait un malheur; rien n'y fit. La Malibran était comme les enfants gâtés, qui, ne voyant que ce qu'ils veulent, sont tenaces dans leurs désirs. Il fallut céder : elle monta d'abord une fois ce cheval, que personne n'avait pu monter encore, et fit merveille; mais la cavalcade n'accompagnait pas la trop heureuse amazone sans quelque secrète appréhension. De Bériot, en calèche avec lady X..., songeant peu à cette galanterie qui lui est familière, suivait d'un air anxieux les allures de ce prince de la race hippique. Ce jour-là, nos promeneurs rentrèrent sans accident. Avoir réussi à monter ce cheval fut, pour l'esprit chevaleresque de l'artiste, un triomphe plus sérieux que celui qu'elle obtenait dans Desdemona. Cette promenade fut un événement pour le sport anglais. Ce succès encouragea la Malibran à recommencer; la chose s'ébruita : en fallait-il plus, chez les Anglais, pour amener une grande affluence de peuple à Hyde-Park ? On signale l'arrivée de la Malibran, tout le monde se porte à sa rencontre : les acclamations, le bruit de cette foule effrayèrent le jeune cheval, qui s'emporta; la pauvre femme fut désarçonnée; son pied resta pris dans l'étrier, et la jeune et charmante créature fut traînée la tête sur le terrain pendant quelques secondes. Le cheval fut arrêté. « Ce ne sera rien, fit-elle en relevant ses cheveux; j'ai été maladroite, c'est ma faute. » Le lendemain sa tête était enflée et ses yeux violetés comme s'ils eussent été frappés à coups de poing.

De Bériot la ramena à Bruxelles : un léger mieux se fit sentir ; la tête désenfla, mais il lui était resté une pesanteur dans le cerveau : elle dormait sans cesse, elle, hier encore, si vive, si pétulante ! Au bout de deux mois à peu près, elle dit à son mari : « Charles, je vais mieux, je suis guérie ; voici l'époque où je dois aller à Manchester chanter pour les pauvres : j'ai promis, les malheureux m'attendent, nous partirons demain. » Les médecins y consentirent. Le grand violoniste, qui, du reste, faisait sa partie dans le concert, se mit en route avec sa chère malade. Ils devaient chanter et jouer dans quatre meetings. Un seul eut lieu ; ce que de Bériot redoutait arriva : une fois devant le public, le génie de l'inspiration fit oublier le mal, ou plutôt le raviva, et le lendemain, 23 septembre 1836, Malibran de Bériot mourait d'une congestion au cerveau, à l'âge de vingt-huit ans. Et cela, parce qu'elle avait promis de chanter pour les pauvres ! O sainte femme ! Écoutez de Musset :

> N'était-ce pas hier qu'enivrée et bénie,
> Tu traînais à ton char un peuple transporté,
> Et que Londre et Madrid, la France et l'Italie,
> Apportaient à tes pieds cet or tant convoité,
> Cet or deux fois sacré qui payait ton génie,
> Et qu'à tes pieds souvent laissa ta charité?

De Bériot, fou de douleur, était rentré seul en Belgique. La ville de Manchester refusa de rendre la femme morte à l'époux désolé. Soit spéculation, soit admiration, cette ville voulait faire élever un mausolée à la mémoire de la Malibran, dont le corps fut déposé dans un caveau provisoire, devant le chœur et au milieu de la cathédrale. Après que de Bériot eut dépensé en vaines procédures des sommes considérables, Mme Garcia, mère de l'illustre défunte, vint la chercher ; et comme aucune loi anglaise ne défend de remettre un enfant à sa mère, Mme Garcia rapporta sur le continent les précieuses dépouilles de sa sublime enfant.

*
* *

Cette même année, le théâtre du Palais-Royal donnait une revue qui avait pour titre : *l'Année sur la sellette*. Dans une des scènes de cet ouvrage, Déjazet, en postillon de Lonjumeau, échangeait des lazzi avec Sainville, et les événements de l'année défilaient au milieu des quolibets. Quand arriva le tour de la Malibran, Déjazet, retirant son chapeau enrubané : « Pour celle-là, dit-elle, chapeau bas ! » La salle entière se leva et l'illustre comédienne chanta ce couplet :

De Malibran sur la terre étrangère
Meurt le talent et si jeune et si beau ;
Elle n'est plus, et la vieille Angleterre
Aurait voulu conserver son tombeau.
Si Manchester refusa de le rendre,
C'est qu'il pensait que, s'échappant du Styx,
Le rossignol, ainsi que le phénix,
Devait renaître de sa cendre.

*
* *

La Malibran avait beaucoup entendu parler du talent extraordinaire de Charles de Bériot, et désirait l'entendre. Le grand violoniste faisait fureur à Paris. Un soir, chez Mme la comtesse de Sparre, l'élite de la troupe italienne était réunie avec Rossini et quelques invités. On devait y entendre le jeune virtuose. Pour donner à cette audition quelque chose de mystérieux, on avait eu soin de baisser les lumières. Les personnages formaient çà et là des groupes dans la pénombre. La Malibran était assise sur un tabouret de pied, adossée aux jambes de Rossini. De Bériot se sentit électrisé par le regard de la sublime artiste ; toute l'âme de l'exécutant passa dans son violon, et quelques semaines plus tard, les journaux annonçaient le mariage de Maria Garcia et de Charles de Bériot ; et, dit M. de

Lamartine, « elle épousa un homme supérieur dans l'art qu'elle aimait. »

*
* *

La Malibran parlait toutes les langues ; dans la conversation, lorsqu'elle lançait une saillie, un mot piquant, c'était toujours dans la langue qui était le plus propre à son effet. Dans une réunion chez Bouilly, l'auteur du livret des *Deux journées*, la Malibran était en verve de bons mots ; il en pleuvait dans tous les idiomes. « Eh ! lui dit M. Ernest Legouvé, qui n'avait point encore écrit *Médée*, votre conversation est un véritable habit d'arlequin ! — Qui n'a jamais de masque, » reprit l'artiste.

*
* *

Dans une ville des Romagnes, à Sinigaglia, la troupe de Milan avait été en représentation pendant la foire, spéculation encore en usage en Italie. L'apparition de la Malibran à Sinigaglia fut un événement, comme partout. Dans ce bienheureux pays, où la suspicion était à l'ordre du jour, craignant les allusions, il fut ordonné de n'applaudir qu'une fois, qu'une seule, sous peine de la prison.

C'était peu de temps après la révolution de 1830 ; il en était, dans ce temps-là, en Italie, comme avant le triomphe de Solferino.

On se rendit au théâtre avec la ferme résolution de se soumettre à l'ordonnance du cardinal légat, qui se nommait, je crois, Albani. Ce fut surtout dans cette circonstance que promettre et tenir furent deux ; le parterre, entraîné par le charme irrésistible de l'artiste, ne put se retenir, et une fois lancé, il ne s'arrêta plus. Mais, hélas ! les sbires placés autour du parterre, faisaient une croix blanche sur le dos des jeunes enthousiastes. Le spectacle fini, ceux qui avaient le signe de la rédemption au dos allèrent coucher en prison. La Malibran, ayant appris cette mesure si peu chrétienne, alla immédiatement trouver le cardinal Albani. Le légat, qui n'avait pas manqué la représentation, était émerveillé comme les autres. Quand on lui annonça l'artiste, ce fut pour lui un grand sujet de joie. « Padre, lui dit-elle, j'ai appris que de malheureux jeunes gens sont en prison pour m'avoir applaudie ; c'est un acte inique que je ne puis tolérer. » Le légat fit valoir des raisons politiques, à quoi la Malibran répondit qu'elle se souciait fort peu des raisons politiques. « Je suis habituée, ajouta-t-elle, à être applaudie à volonté, et si vous ne rendez pas la liberté à ces malheureux jeunes gens, si vous ne laissez pas le public m'applaudir autant qu'il le voudra, je vous déclare que je quitte Sinigaglia sur le-champ. » Cette résolution fut un coup de foudre pour le cardinal. « Mais, songez, dit-il, que la ville est ruinée si vous partez ; la population est doublée depuis votre séjour. — Raison de plus pour m'accorder ce que je vous demande, reprit l'artiste. — Mais s'ils font du bruit ? Songez à l'ordre public! fit le légat. — Je réponds de tout, répliqua la Malibran d'un accent convainc... Devant un tel argument, le légat leva l'interdit et fit rendre la liberté aux prisonniers. Mais le gonfalonier, mais le commandant autrichien furent effrayés d'une pareille autorisation. « Laisser applaudir le public au théâtre ! quelle anarchie ! Ah ! cardinal, qu'avez-vous fait là ! dirent-ils. — J'aurais bien voulu vous voir à ma place : la Malibran est un diable, ou plutôt un ange à qui l'on ne peut rien refuser. »

Le lendemain, la salle était comble comme de coutume ; lorsque le légat entra dans sa loge, il fut reçu par une triple salve d'applaudissements. Son Eminence fit signe de la main, et se penchant vers le parterre : « J'ai autorisé les salves d'applaudissements pour l'illustre artiste qui honore notre ville, pour elle seule et non pour moi. » La salle redoubla ses bravos, et l'ordre ne fut pas troublé.

La première fois que la Malibran vint à Milan, la ville entière fut illuminée. Nous avons sous les yeux une médaille d'or portant cette inscription : « La ville de Milan à la Malibran. »

L'année d'avant sa mort, elle avait signé avec le duc de Visconti un engagement pour cinq saisons, à raison de 450,000 francs, la table et le logement. Logée, passe, mais nourrie nous a toujours semblé singulier dans un engagement d'artiste.

La Malibran avait donc 450,000 francs pour cinq saisons, c'est-à-dire pour vingt mois, logée et nourrie.

Nous nous plaignons chaque jour des gros appointements donnés aux artistes lyriques. Mais voici un chiffre cependant qui est assez élevé. Si, à une époque où les places étaient un tiers meilleur marché que de nos jours, on donnait de tels émoluments à la Malibran, que lui donnerait-on aujourd'hui, ou plutôt que ne lui donnerait-on pas ? Il est probable que si le public faisait comme la majeure partie des artistes, s'il estimait le talent d'après les appointements perçus, il serait sans doute moins généreux que nos impresario dans le salaire accordé ; cependant, les grands talents ont été de tout temps fort bien rétribués ; il faut en conclure que, s'ils ne rapportaient pas de bénéfices aux administrations, la spéculation ne les payerait point si cher.

La Malibran ne fit qu'une saison de cet engagement, qui fut, hélas ! le dernier.

*
* *

Rien n'était beau à voir comme une représentation de la Malibran à la Scala. Des guirlandes de fleurs naturelles, s'étendant comme un immense feston, encadraient extérieurement toutes les loges ; à chaque coin de loge était un gros bouquet qui reliait les guirlandes entre elles. La salle restait ainsi parée durant la représentation ; lorsqu'après l'œuvre jouée, l'artiste reparaissait devant le public, comme par un enchantement, guirlandes et bouquets tombaient aux pieds de cette héroïne, qui semblait resplendir dans son apothéose. Le spectacle fini, toutes les maisons des rues que devait prendre la Malibran pour se rendre chez elle étaient illuminées, et les enfants jetaient à l'envi des fleurs sur son passage. Quelle reine a jamais goûté un triomphe aussi unanime et aussi mérité ?

*
* *

A Venise, dans cette ville, il en était en ce temps-là comme de nos jours, le régime paternel autrichien administrait la Vénétie, le gouverneur d'alors, homme fort bien élevé, du reste, ne badinait point avec la discipline. Il savait faire respecter ses ordonnances ; il eût envoyé incontinent sous les Plombs redoutables toute fruitière qui aurait eu l'imprudence de placer une botte de radis près d'un navet, ces légumes subversifs représentant les couleurs nationales. Or, pour qu'il n'y ait point d'équivoque dans les nuances, toutes les gondoles de cette heureuse cité sont peintes en noir, ce qui leur donne un faux air de corbillard, comme disait la Malibran ; et puis, ça rappelle aux Vénitiens qu'ils ont sans cesse un pied dans la tombe. Un jour le bienheureux gouverneur, qui, comme tous, était un des humbles sujets de la cantatrice, voulant faire une excursion sur les lagunes, demanda à la Malibran comme une grande faveur, de venir, en famille, dans sa gondole. — « Santa Maria ! exclama l'artiste en refusant cet honneur, j'aurais l'air d'aller à votre enterrement.» Quelques jours après, la Malibran se trouvant en soirée avec le gouverneur : « Prince, lui dit-elle, j'ai refusé l'autre jour d'aller dans votre gondole ; voulez-vous ne pas me garder rancune, et me le prouver en me faisant l'amitié de venir demain dans la mienne?» Aller dans la gondole de la Malibran était une bonne fortune pour le gouverneur, qui accepta et se rendit le lendemain au lieu indiqué. Mais quelle ne fut pas sa stupeur de trouver une gondole doublée de soie verte, peinte en rouge, et du plus éclatant, avec des banderolles aux mille couleurs qui se jouaient dans les airs. Le gouverneur atterré balbutie, proteste, refuse d'entrer dans ce boudoir flottant. La Malibran insiste ; le prince fait valoir sa position officielle, les règlements, la loi ; la gracieuse artiste lui tend la main en souriant, et fait sauter dans la gondole le pauvre gouverneur, qui n'en peut mais. Des musiciens et des invités avaient déjà pris place, et les voilà partis sur le Lido, aux acclamations de la foule, qui remplissait les airs de ce cri : « Vive la Malibran ! »

*
* *

La Malibran n'a chanté qu'une fois à Naples. A peine y fut-elle, que l'ennui s'empara de son esprit; il lui vint des idées de suicide : « Viens, dit-elle à son mari, quittons Naples, ce pays sent la mort; il me vient des pensées affreuses. — Partons vite, dit de Bériot, l'ennui est un vilain hôte. » Chose étrange ! quelque temps après, Adolphe Nourrit se tuait dans cette ville.

*
* *

La Malibran quitta Naples, ville pour laquelle la nature n'a rien négligé pour en faire un paradis, et que les hommes de ce temps-là s'efforçaient de transformer en enfer.

Lorsque la Malibran quittait une ville, une société nombreuse d'écuyers cavalcadours lui faisait toujours cortége jusqu'aux premiers relais. Son départ si imprévu avait profondément attristé la population intelligente de Naples ; une foule de savants, d'artistes, de poëtes entourait la chaise de poste de l'illustre voyageuse : Fiorentino était au nombre de ces heureux enthousiastes.

La première petite ville où nos artistes prirent des relais s'appelle, je crois, Versem. Il y a dans ce pays une maison de fous : c'est le Charenton de Naples. Le directeur de l'établissement apprend que la Malibran est dans la ville ; la trouver et la prier de venir voir ses fous fut l'affaire de dix minutes. L'invitation fut acceptée. On visita toutes les divisions. Les docteurs firent réunir dans une salle spacieuse un grand nombre d'aliénés, et prièrent la cantatrice de vouloir bien se faire entendre devant cet auditoire tout nouveau pour elle. La demande fut agréée ; on lui demandait cette faveur comme un service : Malibran n'en refusa jamais. Ce fut, au contraire, une bonne fortune pour son cœur. Elle produisit un effet prodigieux sur cette assemblée. Ces pauvres infortunés, dans leurs transports, baisaient les mains et jusqu'aux vêtements de celle qui venait de les émouvoir. Ils comprenaient, ils sentaient, ils jugeaient, ils vivaient enfin ! Un surtout, qui était resté appuyé sur le bras d'un médecin ; ses manières décelaient un homme de haute-lignée. Des pleurs abondants coulaient sur son visage. Il s'approcha gravement de la grande artiste, s'agenouilla devant elle : « Ah ! madame, dit-il, votre génie m'a fait recouvrer la raison. — Vous venez de faire une bien grande cure, » ajouta le docteur, en reconduisant cette divine créature à sa chaise de poste. Quelques jours après, le journal officiel de Naples annonçait que le prince *** venait d'être rendu à sa famille et à ses amis.

Nous ne donnons pas cet événement comme chose authentique, loin de là ; mais à cette époque, un grand seigneur sortit en effet de la maison des fous de Versem. L'esprit napolitain, qui aime et recherche le merveilleux, même où il n'est pas, ne trouva rien de mieux que d'attribuer cette guérison à la grande artiste. Ce qui s'explique par le prestige que répandait partout le nom de la Malibran, surtout dans les pays où elle faisait sentir l'heureuse influence de son merveilleux talent.

* *

En France, à Paris surtout, les mœurs varient, le goût s'émousse, l'esprit public change d'une génération à l'autre. 1848 a effacé 1830 ; seulement 1830 avait un point dans l'avenir ; notre génération n'en a pas. Dans ces incertitudes sociales, les arts flottent indéterminés, n'ayant point d'autel, partant plus de grands prêtres, des coryphées tout au plus. Tel est aujourd'hui l'art dramatique. Après 1830, tous les théâtres des boulevards avaient une étoile : que dis-je? une constellation. Rien que l'Ambigu comptait pour sa part : Saint-Ernest, Guyon, Albert, Montigny, Saint-Firmin et Francisque aîné. La Porte-Saint-Martin ne possédait que Frédérick-Lemaître, Bocage, Mmes Dorval et Georges. Aussi, en ce temps-là, des écrivains travaillaient pour ces théâtres, et l'on y jouait des ouvrages littéraires. Aujourd'hui on y parle l'argot, alors qu'on n'y fait point exhibition de femmes sous toutes les formes. La pose plastique a déshonoré la demeure de Lucrèce Borgia et d'Antony ; Cartouche et Jack Scheppard remplacent sans pudeur, comme des vauriens qu'ils sont, Marie Tudor sur son trône et Térésa sur son divan.

En 1831, Bocage et Dorval jouaient à la Porte-Saint-Martin, une pièce qui avait pour titre : l'*Incendiaire et le bon Curé.*

Chose singulière ! au théâtre, soit en opéra, soit en drame, on n'a jamais mis sur la scène un prêtre, un moine quelconque sans lui donner des passions qui déshonorent le sacerdoce ; sans nommer *Pierre de Médicis*, je pourrais citer vingt ouvrages à l'appui de cette assertion. Or, dans cette œuvre, on mettait en action, et pour la première fois, dans un rôle saillant, les vertus d'un bon curé ; il est vrai de dire que, dans ce même ouvrage, il y avait un archevêque, joué par Provost, qui n'était point ménagé. Ce drame faisait fureur tout autant que le *Pied de Mouton*. La Malibran dit un jour à son mari : « Charles, allons donc voir Dorval, on dit qu'elle est merveilleuse dans le rôle de Louise. » Ils y allèrent, en effet. Le drame commencé, la Malibran suivait et jouait le rôle de la jeune fille, dans son avant-scène, autant que Dorval sur le théâtre. Ces deux natures si semblables étaient là comme deux sœurs jumelles passant par les mêmes impressions. Après l'acte de la confession : « Je n'y tiens plus, dit la Malibran, il faut que j'aille dire à cette grande artiste tout le bonheur, toutes les sensations qu'elle vient de me faire éprouver. » Et la voilà partie comme un sylphe dans le théâtre. Son nom décliné, toutes les consignes sont levées ; on va lui montrer la loge de Dorval, ou plutôt elle conduit ses guides ; elle les devance à travers tous ces couloirs sombres, qui lui semblent familiers. La Malibran s'arrête instinctivement devant une porte entr'ouverte ; une voix lui dit : « C'est ici ! » La porte s'ouvre, et ces deux grands génies dramatiques qui ne se connaissaient que de nom, sans dire un seul mot, se précipitèrent dans les bras l'un de l'autre. Dorval, rompant le silence et désignant un portrait, le seul qui fut dans sa loge : « Voilà ma réponse, » fit-elle en essuyant ses larmes. Ce portrait était celui de la Malibran !

*
* *

Si nous voulions comparer ce passé d'hier, à ce que nous voyons aujourd'hui, que de choses n'aurions-nous pas à dire qui ne seraient certes pas en faveur de notre époque, bien que nous ayons la photographie! Quel est l'artiste de nos théâtres de Paris qui possède dans sa loge le plus petit portrait d'une sommité dramatique contemporaine ? Il n'y a plus de parenté dans le monde du théâtre; quant aux portraits qui tapissent les loges des artistes, nous pourrions dire, Andrieux aidant :

. . . . Chacun, excepté soi,
Ne connaît pas d'artiste à mettre en cet endroit.

*
* *

Dans une de ses chroniques du *Monde illustré*, Jules Lecomte fait naître la Malibran à Naples. Le spirituel écrivain avait été mal renseigné. Maria Garcia, dont les parents sont Espagnols, est née à Paris. Elle s'est mariée à Paris avec Charles de Bériot, qui est Belge. De cette union est né, à Paris, un fils, le seul rejeton de cette femme illustre : Charles de Bériot fils, qui avait à peine trois ans lorsqu'il perdit sa mère, est aujourd'hui un de nos meilleurs pianistes, comme compositeur et comme exécutant. Nous le répétons, la Malibran est morte à vingt-huit. Juste à l'âge où les plus grands artistes commencent leur réputation, la Malibran avait rempli le monde entier de son immortelle renommée ; mais

Ce qu'il nous faut pleurer sur ta tombe hâtive,
Ce n'est pas l'art divin, ni ses savants secrets :
Quelque autre étudiera cet art que tu créais ;
C'est ton âme, Ninette, et ta grandeur naïve.
C'est cette voix du cœur qui seule au cœur arrive,
Que nul autre, après toi, ne nous rendra jamais !

Paris. — Imprimerie VALLÉE, 15, rue Breda.

www.ingramcontent.com/pod-product-compliance
Lightning Source LLC
Chambersburg PA
CBHW060934050426
42453CB00010B/2009